Basteln, Backen, Dekorieren

Ostern

D1873916

Ravensburger Buchverlag

Inhalt

6–7
Ostern:
Was ist das eigentlich?

8–9
Dekorationen aus Salzteig

10–11
Tierische Eierwärmer

12–13
Die verrückten Eierköpfe

14–15
Grüße vom Osterhasen!

16–17
Bunter Osterschmuck

18–19
Origami-Verpackungen

20–21
Eier-Spielwiese

22–23
Künstler unter sich …

24–25
Kunterbuntes Osterfest

26–27
Das Geheimnis der Schoko-Eier

28–29
Kleine Nester für große Leckermäuler

30–31
Federleichte Ostereier

32–33
Ich wollt ich wär ein Huhn …

34–37
Vorlagen

Ostern:

Das Fest

Ostern ist ein wichtiges christliches Fest. Man erinnert sich daran, dass Jesus von den Toten auferstanden ist. Aber auch früher hatte man schon etwas zu feiern – den Frühlingsanfang.

Bei den Christen fällt Ostern immer zwischen den 22. März und den 25. April: Gefeiert wird am Sonntag nach dem ersten Vollmond nach Frühlingsanfang.

Bei den Juden feiert man das Paschafest, und zwar am 14. des Monats Nissan. Nach unserem Kalender ist das ungefähr Ende März, Anfang April. Das jüdische Ostern erinnert an den Auszug aus Ägypten. Doch egal, auf welchen Tag Ostern fällt – Hauptsache, es wird gefeiert!

Hast du's gewusst?

In vielen Ländern sind Ostereier richtige Kunstwerke: Wenn du weiterblätterst, findest du viele Deko-Ideen. Hauptsache, kein Ei gleicht dem anderen! Früher malten die Menschen kleine Gebete oder Wünsche auf die Eier, zum Beispiel eine Sonne für gutes Wetter ...

Oster-Spielereien

In Deutschland, in der Schweiz, in Frankreich und in Holland ist ein Spiel ganz besonders beliebt: Eierlaufen. Alle Mitspieler stellen sich an der Startlinie auf. In ihren Händen halten sie einen Esslöffel, auf dem sie ein rohes Ei balancieren. Nach dem Startsignal versucht nun jeder, das vorher abgesteckte Ziel als Erster zu erreichen – natürlich ohne dass das rohe Ei dabei kaputtgeht ...

Redensarten und Sprichwörter

Den muss man behandeln wie ein rohes Ei! (Puh, ist der empfindlich!)

Was ist das eigentlich?

Die Eier

Schon in der Antike dekorierte man Ostereier! Je nach Jahreszeit tönten die Perser und die Ägypter Eier in verschiedenen Farben. Die Eier galten als Symbol für den ewigen Kreislauf des Lebens und wurden an Freunde und Bekannte verschenkt.

Erst im 4. Jahrhundert begannen auch die Christen Ostereier zu verschenken. Warum sie das taten? Ganz einfach: An den 40 Tagen vor Ostern hatte ihnen die Kirche das Eieressen verboten. Nur die Hühner machten mit dem Eierlegen keine Pause. Deshalb hatte man zum Osterfest jede Menge Eier zum Verschenken übrig. Damit ein wirklich schönes Geschenk daraus wurde, kam man auf die Idee, die Eier zu bemalen.

Dass die Franzosen gern gut essen, ist bekannt. Vielleicht kamen sie deshalb auf die Idee, ausgeblasene Eier mit Schokolade zu füllen? Jedes Land dekoriert seine Ostereier anders: die Tschechen mit bunten Wollfäden und die Polen mit Aufklebern. Doch am meisten Spaß macht das Verstecken: im Gras, in einer Astgabel oder im Küchenregal?

Wer bringt die Eier?

In Österreich war es das Huhn und in der Schweiz der Kuckuck. Doch inzwischen glaubt man in Europa und Amerika nur noch an den Osterhasen!

Dekorationen

Unser Osterhase hat es eilig: Noch jede Menge Eier warten darauf, von ihm versteckt zu werden: zum Beispiel in grünem Gras aus Salzteig ...

Du brauchst:
1 Tasse Salz, 1 Tasse Wasser, 2 Tassen Mehl, Sieb oder Knoblauchpresse, Zahnstocher, Schüssel, Teigroller, stumpfes Messer, Plätzchenausstecher

Für den Salzteig mischst du Salz und Wasser in einer Schüssel. Dann gibst du das Mehl dazu. Knete alles zu einem schönen Teig. Ist der Teig zu weich, musst du noch etwas mehr Mehl dazugeben. Wenn du deine Osterdekorationen geformt hast, bitte einen Erwachsenen sie im Ofen bei 180 °C fertig zu backen. Das dauert ungefähr $^1/_2$–1 Stunde. Danach kannst du deine Kunstwerke bunt anmalen.

Serviettenring mit Entenkopf

Rolle eine Wurst und schließe sie zu einem Ring. Forme eine Kugel für den Kopf. Verziere sie mit einem Entenkamm, einem Schnabel, Augen und ein paar hübschen Blättern.

Ostergras

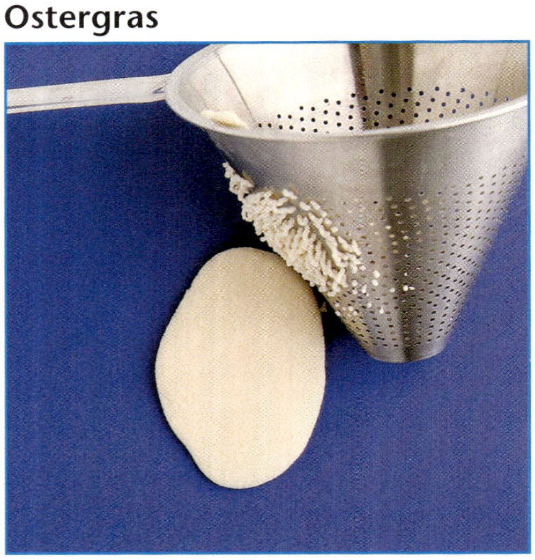

Für das Ostergras drückst du einfach etwas Salzteig durch ein Sieb. Du kannst dafür auch eine Knoblauchpresse verwenden.

Osterhase

Forme eine Kugel für den Kopf und eine Wurst für den Körper: Schneide sie unten ein für die Beine. Rolle Teig aus und schneide einen Mantel zu.

aus Salzteig

Osterhennen und Tauben

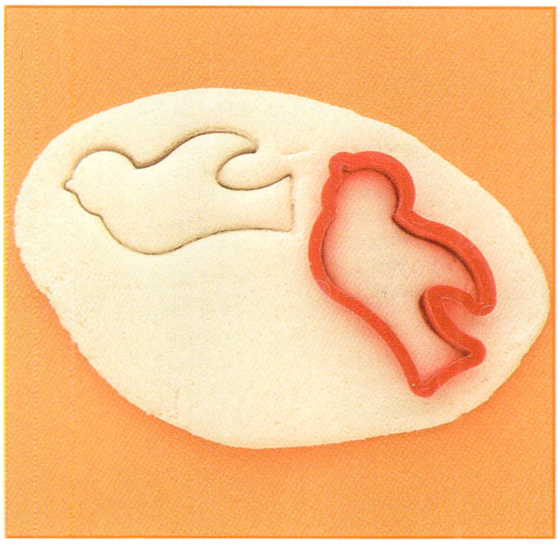

Mit Plätzchenausstechern kannst du viele verschiedene Formen herstellen: Tauben, Hennen oder Osterglocken. Damit dekorierst du deine Osterlandschaften.

Osterlandschaften

Forme eine stabile Unterlage. Bedecke sie dann vollständig mit Ostergras. Verziere alles mit Tieren, Eiern, Blumen oder Bändern, die du aus Salzteig formst.

Hasenparade

Forme drei Kugeln für Kopf und Arme und einen Kegel für den Körper. Zum Schluss sind die Ohren dran. Zahnstocher halten alle Teile zusammen.

Tierische

Ostern bringt alles durcheinander – denn heute legen nicht nur die Vögel Eier! Wie du siehst, hat der Osterhase Verstärkung bekommen. Die Vorlagen für diesen bunten Zoo findest du auf Seite 34.

Eierwärmer

Du brauchst:
Filz, Klebstoff, Schere, Nähgarn, Nadel, schwarzen Filzstift

1 Vergrößere die Vorlage und übertrage sie zweimal auf den Filz: Du brauchst eine für die Vorder- und eine für die Rückseite.

2 Schneide alle Teile sorgfältig mit der Schere aus.

3 Klebe die Augen und alle anderen Elemente auf den Filz.

4 Klebe Vorder- und Rückseite der Tierköpfe zusammen. Den Rumpf heftest du an den Seiten mit Nadel und Faden.

Die verrückten

Gestatten, Familie Eierkopf! Mit uns Glatzköpfen macht das Osterfrühstück doppelt Spaß! Die Vorlage für unsere großmäulige Familie findest du auf den Seiten 35–37. Guten Appetit!

1 Pause die Vorlage ab und übertrage sie auf das Moosgummi. Schneide sie aus.

2 Mache auf jeder Seite einen Schlitz für die Ohren: Falte das Moosgummi mit der einen Hand und schneide mit der anderen kurz hinein.

Eierköpfe

Du brauchst:
verschiedenfarbige Moosgummiplatten, Schere, Kugelschreiber, Klebstoff ohne Lösungsmittel, Pauspapier, Büroklammern, bewegliche Augen

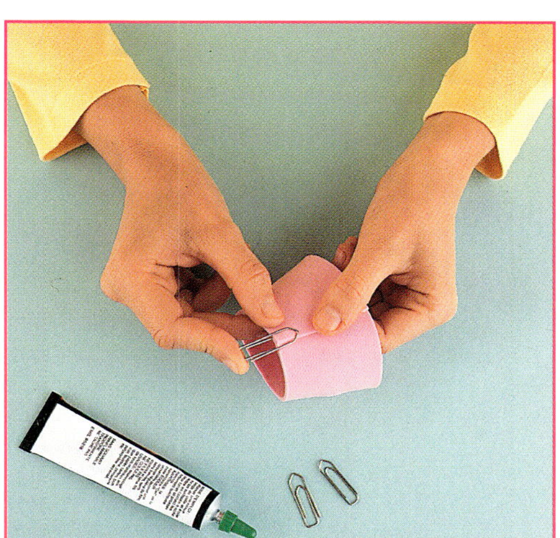

3 Klebe beide Enden zu einem Eierbecher zusammen. Bis der Klebstoff getrocknet ist, sicherst du den Ring mit einer Büroklammer.

4 Für das lustige Gesicht schneide aus dem Moosgummi Mund, Nase und Schnurrbart aus. Klebe sie mit den Augen auf den Eierbecher.

5 Schneide große Segelohren aus dem Moosgummi – vergiss die Stiele nicht: Damit steckst du die Ohren in die beiden Seitenschlitze.

Grüße vom

Achtung, Ei-lige Post vom Osterhasen! Überrasche deine Freunde und deine Familie mit selbst gemachten Grußkarten: Aus bemalten Eierschalen kannst du die tollsten Mosaiken basteln.

Du brauchst:
Tonpapier im Format 15 x 30 cm (in der Mitte gefaltet; die Karte selbst hat das Format 15 x 15 cm), Schere, Eier, Filzstift, Plakafarben, Pinsel, Alleskleber

Osterhasen!

1 Schlage die Eier an einer Schüssel auf. Wasche und trockne die Eierschalen vorsichtig, aber gründlich.

2 Male das Innere der Schalen mit bunten Plakafarben aus. Dann warte, bis sie gut getrocknet sind.

3 Male dein Motiv mit Filzstift auf ein buntes Blatt Tonpapier.

4 Bestreiche einen kleinen Teil des Motivs mit Klebstoff.

5 Zerbrich eine Eierschale mit dem Pinselschaft und dekoriere mit den kleinen Stückchen dein Motiv.

6 Hast du die ganze Zeichnung mit bunten Eierschalen bedeckt, kannst du sie sorgfältig ausschneiden.

Zum Schluss brauchst du deine Eiermosaiken nur noch auf die bunten Grußkarten zu kleben.

Bunter Osterschmuck

Wie wär's mit etwas Osterschmuck? Diese Eier können sogar von den Bäumen wachsen, denn sie sind fix und fertig zum Aufhängen! Die Vorlagen für die einzelnen Motive findest du auf Seite 37.

1 Zuerst bläst du das Ei aus: Dazu pikst du mit der Nadel an beiden Enden ein kleines Loch hinein. Halte das Ei über eine Schüssel. Puste in eines der Löcher, bis das Ei leer ist.

2 Pause deine Lieblingsvorlage auf das weiße Blatt Papier. Dann überträgst du sie auf das bunte Origami-Papier.

Du brauchst:
Eier, Origami-Papier in verschiedenen Farben, Nagelschere, Nadel, Geschenkband, Klebstoff, Filzstift, 1 Blatt weißes Papier, Pinsel, Schüssel

4 Schneide dein Motiv sorgfältig mit der Nagelschere aus.

3 Jetzt nimmst du ein andersfarbiges Origami-Papier. Darauf überträgst du die Schmuckelemente, die du für deine Collage brauchst.

5 Klebe dein Motiv ganz behutsam auf das ausgeblasene Ei. Das Papier soll keine Falten schlagen. Pass auf, dass das Ei dabei nicht zerbricht! Dann klebst du die Details auf.

6 Falte ein Stück rotes Geschenkband. Für die Schlaufe schiebe beide Enden von oben durch das ausgeblasene Ei und binde sie unten zu einer Schleife.

Origami-Verpackungen

Willkommen bei Schachtelhubers: ganz schön raffiniert, diese Verpackungen für Schokoladeneier! Die Vorlage für die Schachtel und eine genaue Anleitung für das Origami-Huhn findest du auf Seite 35.

Seite 35

1 Vergrößere die Vorlage für die Schachtel und übertrage sie auf den weißen Karton.

Du brauchst:
Buntpapier, weißen Karton (DIN A4), Bast, Locher, Schere, Filzstift, Schokoladeneier

2 Falte die vier Kartonzungen nach oben. Stecke die beiden kleinen ineinander.

1
Falte dein Papierquadrat zu einem Dreieck und dann wieder auseinander.

2
Falte beide Ecken so zum Mittelfalz, dass ein auf dem Kopf stehender Drache entsteht.

3
Klappe beide Drachenhälften übereinander. Vor dir liegt wieder ein Dreieck. Knicke die obere, stumpfe Spitze und das untere, lange Ende ein, wie auf dem Foto. So markierst du Kopf und Schwanz.

4
Klappe die Form wieder zum Drachen auf. Lege die glatte Seite nach oben. Hebe den Schwanz unten an, klappe die beiden Seiten am Mittelfalz übereinander.

5
Jetzt musst du den Kopf richtig einknicken. Die Flügel werden ein wenig nach oben gefaltet: Fertig ist dein Origami-Huhn!

3 Aus einem bunten Papierquadrat (14 x 14 cm) faltest du das Huhn. Oben rechts siehst du Schritt für Schritt, wie es weitergeht.

4 Mit dem Locher machst du ein Loch in Schwanz und Flügel. Dann biegst du die beiden langen Kartonzungen nach oben, legst sie übereinander und lochst sie ebenfalls.

5 Fülle die Schachtel mit bunten Schokoladeneiern. Zum Schluss ziehst du ein Stück Bast durch die Löcher und verschließt die Schachtel.

Eier-Spielwiese

Brüte ein paar neue Ideen für Spielsachen aus! Wir haben schon einmal damit angefangen: Egal, ob Walfisch, Hase, Frosch, Flugzeug oder Auto – wie sehen deine Ei-nfälle aus? Unsere Vorlagen findest du auf Seite 36.

1 Vergrößere die Vorlage. Für den Hasen überträgst du die Beine und die Ohren auf den Karton.

2 Als Nächstes schneidest du alle Teile sorgfältig aus.

3 Klebe Ohren und Beine mit Klebstoff auf das Ei. Die Nase machst du aus einem Stück Korken.

4 Jetzt kannst du das Ei mit den Plakafarben anmalen. Alles gut trocknen lassen. Welche Eier-Spielsachen fallen dir noch ein?

Damit Walfisch und Flugzeug einen stabilen Sockel bekommen, klebst du sie mit einem Stück Korken auf einen Einmachglasdeckel. Und die Autoreifen? Kein Problem! Schneide einen Korken in vier Scheiben.

Du brauchst:
Pinsel, schwarzen Filzstift, Klebstoff, Schere, Einmachglasdeckel, Korken, ausgeblasene Eier oder Plastikeier, Karton, Plakafarben

Künstler unter sich ...

In diesem Jahrhundert haben Künstler alles Mögliche zum Malen verwendet: Bürsten, Walzen, Kämme, Scheren, ja sogar Schwämme! Jeder hat sich mit Farben auf seine Weise ausgedrückt. Am besten, du legst auch gleich los: Hier findest du ein paar Beispiele von Matisse und anderen Malern. Denk daran: Jeder ist ein Künstler!

1 Male dein Ei weiß an. Lass alles gut trocknen, damit du eine zweite Farbschicht auftragen kannst.

2 Mit dem schwarzen Filzstift malst du gleichmäßig breite Streifen.

Pinsel und Farbe hat der Künstler Daniel BUREN gar nicht gebraucht: Seine ersten Kunstwerke machte er einfach aus gestreiftem Stoff. Damit hat er dann Fenster, Mauern und Innenhöfe verkleidet – ja sogar ein ganzes Haus.

Daniel BUREN ist ein französischer Künstler. Er wurde 1938 in Paris geboren.

3 Male jeden zweiten Streifen schwarz aus.

Henri MATISSE war Maler, Zeichner und Bildhauer. Gegen Ende seines Lebens machte er eine Reihe von Collagen. Die sehen ganz ähnlich aus wie seine Bilder.

Henri MATISSE war ein französischer Künstler. Er wurde 1869 geboren und starb 1954. Sein ganzes Leben lang hat er nach möglichst einfachen Formen und Linien gesucht. So hat er uns die Welt mit seinen Augen gezeigt.

1 Male dein Ei weiß an. Lass alles gut trocknen, damit du eine zweite Farbschicht auftragen kannst.

2 Aus dem Buntpapier schneidest du jetzt verschiedene Formen im Stil von Matisse aus. Klebe sie vorsichtig auf dein weißes Ei.

Du brauchst:
Ausgeblasene Eier, Plakafarben, Buntpapier, schwarzen Filzstift, Schere, Klebstoff, Pinsel

Ein Ei im Stil von Jackson POLLOCK. Amerikanischer Maler (1912–1956)

Ein Ei im Stil von Yves KLEIN. Französischer Künstler (1928–1961)

Kunterbuntes

Diese kunterbunten Ostereier sind gar nicht so leicht zu verstecken ... Lass dir etwas einfallen, damit man sie im grünen Gras nicht gleich entdeckt! Doch wenn sie zum Schluss alle zusammen im Osternest liegen, ist die Freude umso größer.

Noch eine Idee gefällig?
Male dein hart gekochtes Ei vollständig in einer Farbe an. Lass alles gut trocknen. Trage punktförmig Klebstoff auf die Eier auf. An diesen Stellen legst du kleine Kordeln zu einer Spirale und drückst sie vorsichtig auf das Ei. Zum Schluss alles gut trocknen lassen.

Du brauchst:
Hart gekochte oder ausgeblasene Eier, feines Sandpapier, Schwamm, kleine Aufkleber, Pinsel, Plakafarben, Goldfarbe, Farbtabletten, bunte Kordeln, weiße Wachsmalkreide oder einen weißen Kerzenstummel

Sandpapiertechnik

1 Bemale das Ei mit Goldfarbe. Lass alles gut trocknen. Danach trägst du eine zweite Farbe auf.

2 Warte, bis die zweite Farbschicht getrocknet ist. Reibe dann vorsichtig mit feinem Sandpapier über das Ei, bis überall goldene Stellen hervorglitzern.

Osterfest

Schwammtechnik

1 Male das Ei vollständig in einer Farbe an. Lass alles gut trocknen.

2 Tauche den Schwamm in eine etwas hellere Farbe und tupfe das Ei damit ab. Lass alles gut trocknen.

Aufklebertechnik

1 Male das Ei vollständig in einer Farbe an. Lass alles gut trocknen. Klebe Aufkleber auf das Ei. Übermale das ganze Ei mit einer zweiten Farbe.

2 Jetzt löst du die Aufkleber vorsichtig ab. Bessere mit einem feinen Pinsel alle Stellen aus, an denen etwas Farbe abgegangen ist.

Willst du noch einen Spezialeffekt wissen? Zeichne mit weißer Wachsmalkreide oder einem weißen Kerzenstummel auf dein Osterei. Lege das Ei anschließend in ein Farbbad: Jetzt kannst du zugucken, wie deine Zeichnung erscheint!

Das Geheimnis

An Ostern ist uns jeder Vorwand recht, Schokolade zu essen: Dann sind Hasen, Hühner, ja sogar Eier aus Schokolade. Die Hühner dafür müssen allerdings noch gezüchtet werden! Wollt ihr wissen, wie die Schokolade trotzdem in die Eier kommt? Pssst, aufgepasst: Dieses Rezept verrät euch das Geheimnis ...

1 Setze ein rohes Ei in den Eierbecher. Köpfe es und leere es aus. Wasche es mit ein wenig Wasser. Lass das hohle Ei gut trocknen.

Wenn du willst, kannst du auch noch etwas Schlagsahne zu der Schokomasse geben.

Du brauchst:
Eier, 1/2 Tafel Bitter- oder Vollmilchschokolade, 100 g Pralinen, 1 Esslöffel Butter, Schlagsahne, Puderzucker

der Schoko-Eier

Gieße zum Schluss noch ein bisschen flüssige Schokolade in die gefüllten Eier. Drehe sie dabei vorsichtig hin und her, damit die Schokolade überallhin kommt.

2 Zerbröckle eine halbe Tafel Schokolade in eine Schüssel. Bitte einen Erwachsenen die Schokolade im Wasserbad oder im Mikrowellenherd zum Schmelzen zu bringen. Gib 100 g Pralinen dazu.

3 Rühre alles gut um und gib einen Esslöffel weiche Butter dazu.

4 Jetzt brauchst du das hohle Ei nur noch mit der Schokoladenmasse zu füllen. Lege die Eier zuerst in eine hübsche Schachtel und dann in den Kühlschrank.

Kleine Nester für

Wie wär's mit einem Osternest komplett zum Aufessen? Aus einem normalen Hefeteilchen zaubern wir mit Orangensaft, Vanillecreme, Eischnee und bunten Zuckereiern diese Köstlichkeit. Guten Appetit!

1 Erst die Creme: Bitte einen Erwachsenen die Milch mit der Vanilleschote zum Kochen zu bringen. Verschlage das Eigelb mit dem Zucker in einer Schüssel. Füge die Stärke und die heiße Milch hinzu. Lass alles fünf Minuten kochen. Gib die kandierten Früchte dazu und lass die Creme kalt werden.

2 Jetzt das Baiser: Gib Eiweiß und Salz in eine Schüssel. Schlage das Eiweiß, bis es ganz steif wird. Gib währenddessen langsam den Zucker dazu.

Du brauchst:
(Rezept für 6 Personen):
3 Hefeteilchen, 1 Orange,
100 g kandierte Früchte,
100 g bunte Zuckereier
Für die Vanillecreme:
6 Eigelb, 1/2 Liter Milch,
1 Vanilleschote,
2 Esslöffel Stärke, 100 g Zucker
Für das Baiser:
4 Eiweiß, 150 g Zucker,
1 Prise Salz

große Leckermäuler

3 Schneide die Hefeteilchen auf. Presse die Orangen aus und tränke jede Teilchenhälfte mit einem Esslöffel Orangensaft.

4 Bestreiche jede saftgetränkte Teilchenhälfte mit drei Esslöffeln von der Vanillecreme.

5 Verteile den steif geschlagenen Eischnee auf die Teilchenhälften. Forme mit der Gabel ein Nest daraus.

6 Bitte einen Erwachsenen die Nester fünf Minuten lang bei 300 °C im Ofen goldbraun zu backen. Dekoriere sie mit bunten Zuckereiern.

Federleichte

Frisch aus dem Nest sind diese Ostereier. Ganz frech haben sie sich mit fremden Federn geschmückt!

Du brauchst:
Eier, Federn, Klebstoff, Schüssel, Bast, Nadel, Schere

Ostereier

1 Damit du das Ei ausblasen kannst, stichst du mit der Nadel auf beiden Seiten ein kleines Loch hinein.

2 Als Nächstes hältst du das Ei über eine Schüssel und bläst es durch das obere Loch aus.

Kombiniere die Federn mit anderen Naturmaterialien, zum Beispiel mit Bast, Lederbändern, Kornähren, Laub, kleinen, getrockneten Beeren ... Lass deiner Fantasie freien Lauf!

3 Trage an einigen Stellen vorsichtig etwas Klebstoff auf.

4 Klebe eine Feder nach der anderen auf die Schale – der rechte Fächer sieht toll aus!

Ich wollt ich wär

... dann hätt ich nichts zu tun – außer einen tollen Schmuck für den Ostertisch abzugeben. Wenn ihr die Ärmel hochkrempelt, habt ihr mich im Nu gebastelt!

1 Lege zwei Steckschwammblöcke übereinander: Aus dem dritten Block schneidest du den Kopf. Stecke alle Blöcke mit Schaschlikspießen zusammen.

2 Mit dem stumpfen Messer bringst du den Hühnerkörper noch etwas in Form. Runde die Ecken ab.

3 Jetzt das Federkleid: Dafür arbeitest du dich von unten nach oben vor: Befestige mit den Stecknadeln eine erste Reihe Lorbeerblätter.

Du brauchst:
Lorbeerblätter, 3 grüne Steckschwämme, gelbes Papier, roten Stoffrest, Schaschlikspieße, Stecknadeln, Schere, Klebstoff, stumpfes Messer, 2 Blüten

ein Huhn ...

4 Darüber steckst du die nächste Reihe. Die Blätter müssen wie Dachziegel übereinander liegen. Das machst du so lange, bis das ganze Huhn von „Federn" bedeckt ist.

5 Aus dem gelben Papier schneidest du die Füße zu und faltest den Schnabel. Klebe sie am Huhn fest. Aus dem roten Stoffrest schneidest du das Kopftuch.

6 Jetzt brauchst du nur noch die beiden Blüten als Augen einpiksen. Verwende Stecknadeln, damit die Blütenstängel nicht kaputtgehen.

Tierische Eierwärmer

(Seiten 10–11)

Vergrößere die Vorlage mit dem Kopierer auf 125 %.

Origami-Verpackungen
(Seiten 18–19)

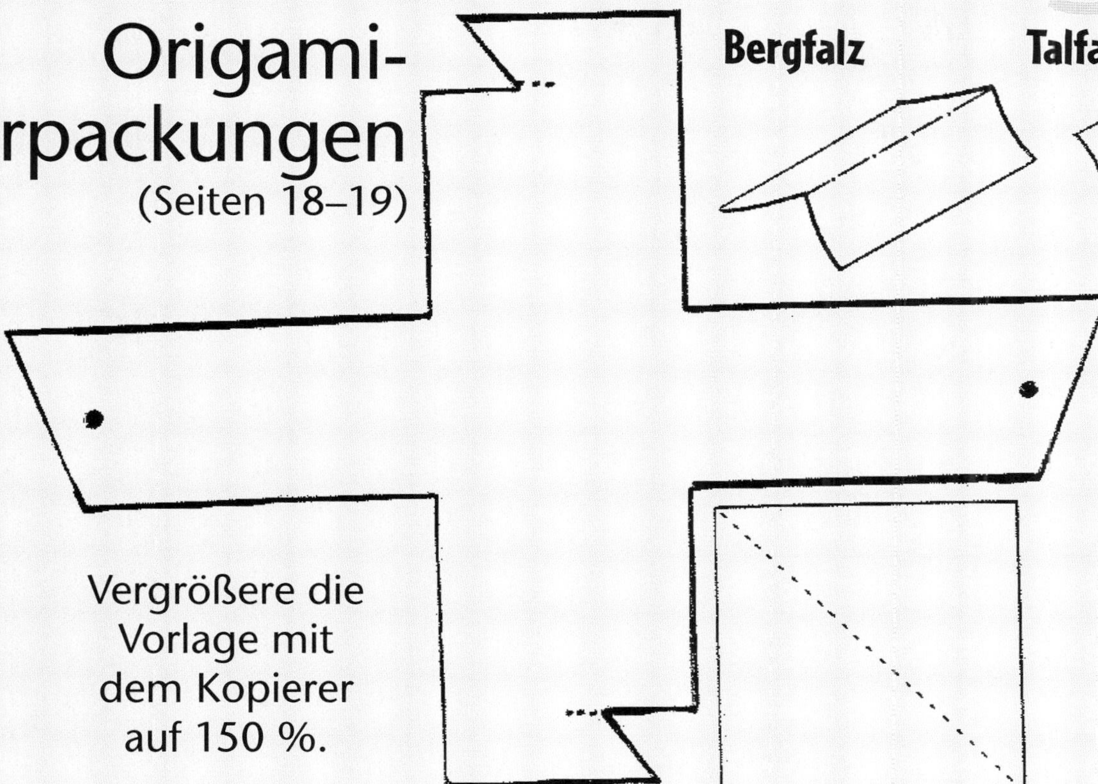

Vergrößere die Vorlage mit dem Kopierer auf 150 %.

Bergfalz

Talfalz

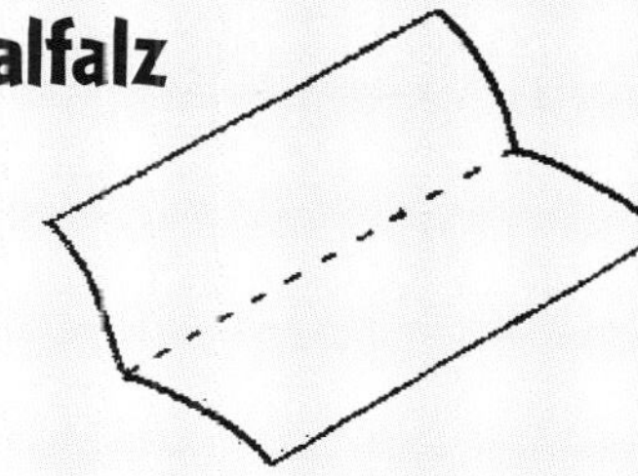

Anleitung für das Origami-Huhn auf den Seiten 18–19

1 Falte das Quadrat zum Dreieck.

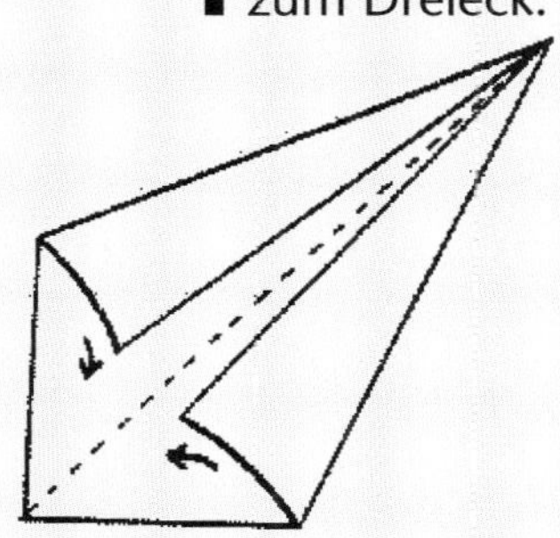

2 Öffne es und falte die Seiten zur Mitte.

3 Klappe die Form zum Dreieck und markiere Kopf und Schwanz.

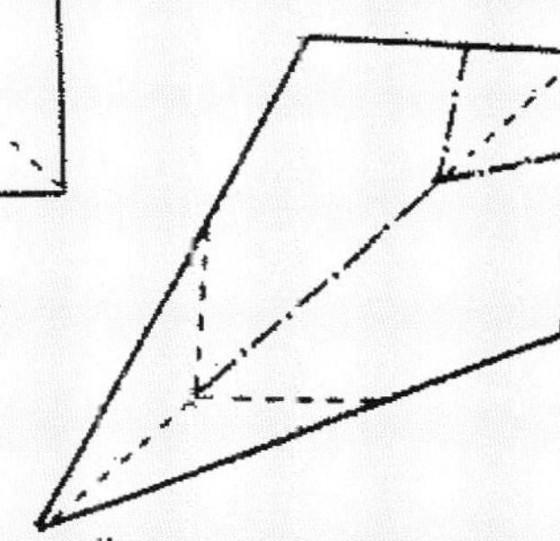

4 Öffne die Form wieder, die glatte Seite nach oben. Für Schnabel und Kopf falze die Markierungen wie auf der Zeichnung („Bergfalz“ und „Talfalz“).

5 Klappe die Flügel hoch.

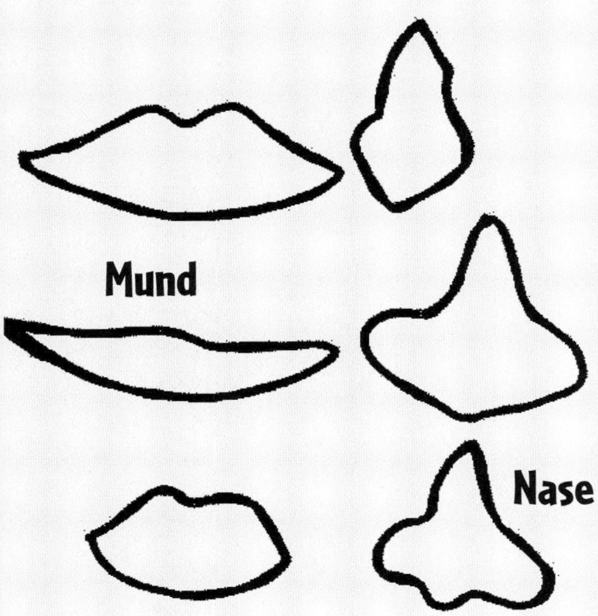

Mund

Nase

Ohren

Die verrückten Eierköpfe (1)
(Seiten 12–13) Originalgröße

Eier-Spielwiese

(Seiten 20–21)

Frosch

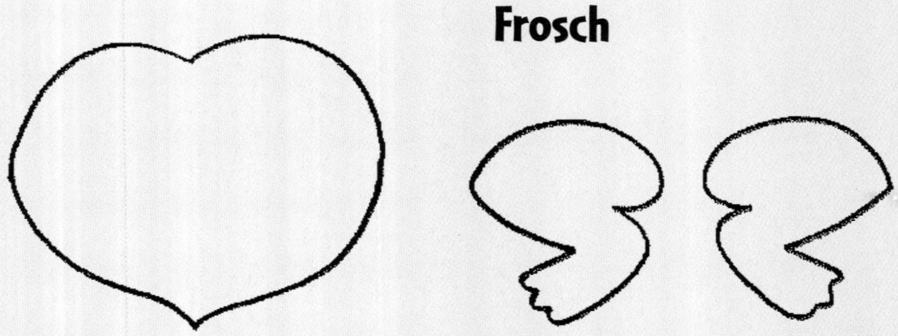

Flugzeug

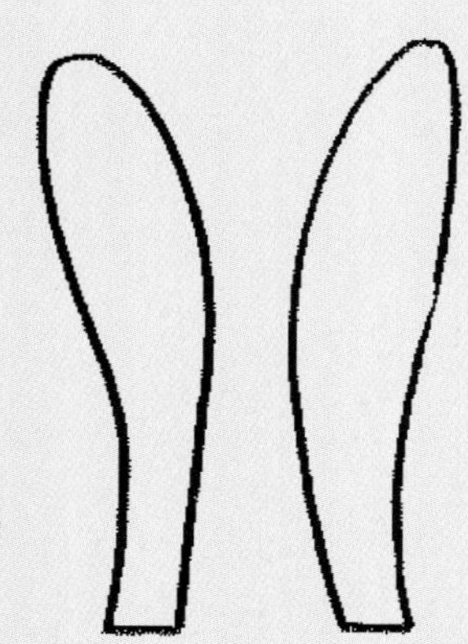

Walfisch

Osterhase

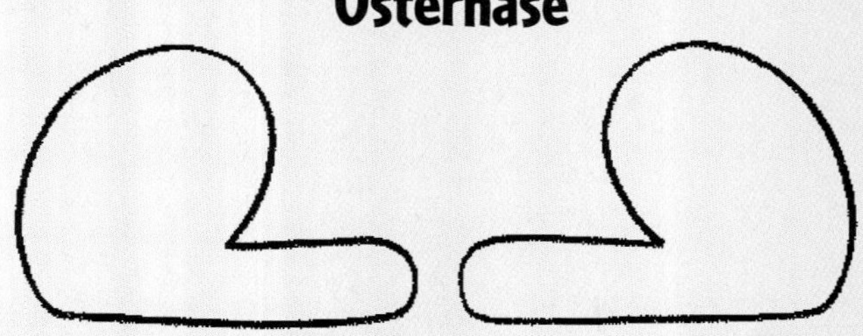

Vergrößere die Vorlage
mit dem Kopierer auf 130 %.

Die verrückten Eierköpfe (2)

(Seiten 12–13) Originalgröße

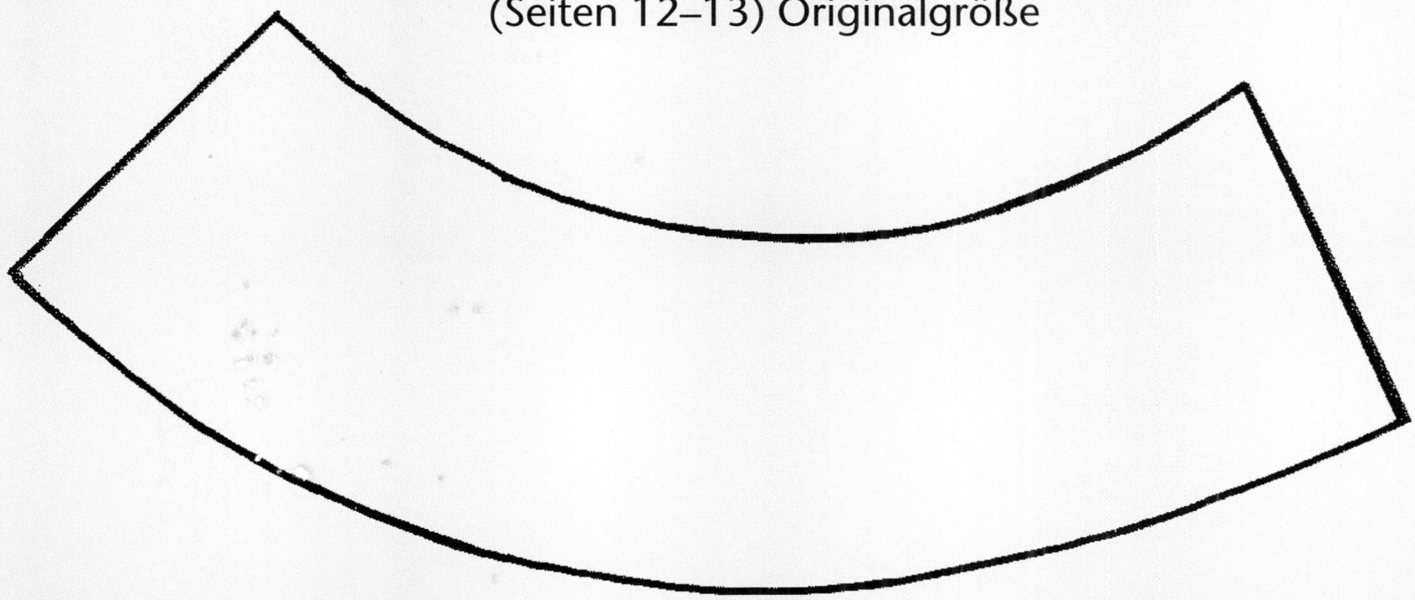

Bunter Osterschmuck

(Seiten 16–17) Originalgröße

Die Deutsche Bibliothek – CIP-Einheitsaufnahme

Ein Titelsatz für diese Publikation ist bei der Deutschen Bibliothek erhältlich.

Die Schreibweise entspricht den Regeln der neuen Rechtschreibung.

3 2 1 03 02 01

© 2001 Ravensburger Buchverlag Otto Maier GmbH
Alle Rechte, auch die des auszugsweisen Nachdrucks,
der fotomechanischen Wiedergabe und der Übersetzung, vorbehalten

Übersetzung aus dem Französischen: Christiane Burkhardt

Umschlagfoto: Anneliese Kompatscher-Hoppe
Umschlaggestaltung: Designbüro Schmieder
Produktion: Herstellungs- und Redaktionsgemeinschaft
Sabine Dohme und Christiane Burkhardt, München

Titel der Originalausgabe: Bientôt Pâques!
© 2000 Ateliers Magazine pour les créations, les textes et les images
© 2000 Mango Jeunesse pour la présente édition

Printed in Germany
ISBN 3-473-37805-4
www.ravensburger.de/buchverlag